囂搞 著

北鼻

你是我萬中選一的女人

目錄

男女腦袋大不同
男生真的沒想那麼多
09

男人的求生慾望
討北鼻開心、想辦法回答正確答案
41

女人的精明算計
忌妒心、操控男友
69

愛情的一切都是套路 交往前交往後、戀愛生活日常 99
【特別收錄】歡迎光臨，囂搞的創作空間 137

RTO!

STA

北

囂搞

小知識：隱藏技能是再生能力，可承受任何攻擊不死。

AKA無知的肉團。個性善良樂觀，卻也白目。很不會談戀愛，常出現一些自作聰明的想法跟行為，然後弄巧成拙的被揍離地球表面。但！不管受到多大的打擊，他都努力的用自己的方式愛著北鼻！

北鼻，你是我萬中選一的女人——
囂搞的真實戀愛內幕，血淋淋大噴發！

作　　者：囂搞
副 主 編：蔡月薰
編輯協力：陸澄川、曹倍甄
執行企劃：朱妍靜
美術設計：賴佳韋工作室

發 行 人：趙政岷
出 版 者：時報文化出版企業股份有限公司
地　　址：10803 台北市和平西路三段240號7樓
發行專線：（02）2306-6842
讀者服務專線：0800-231-705、（02）2304-7103
讀者服務傳真：（02）2304-6858
郵　　撥：1934-4724 時報文化出版公司
信　　箱：台北郵政79 - 99 信箱
時報悅讀網：www.readingtimes.com.tw
電子郵件信箱：books@readingtimes.com.tw
法律顧問：理律法律事務所 陳長文律師、李念祖律師
印　　刷：詠豐印刷有限公司
初版一刷：2019年6月21日
定　　價：新台幣350元

ISBN 978-957-13-7768-1 | Printed in Taiwan

時報文化出版公司成立於一九七五年，並於一九九九年股票上櫃公開發行，
於二〇〇八年脫離中時集團非屬旺中，以「尊重智慧與創意的文化事業」為信念。

北鼻，你是我萬中選一的女人：囂搞的真實戀愛內幕，血淋淋大噴發！/ 囂搞作.
-- 初版. -- 臺北市：時報文化, 2019.06　面；公分
ISBN 978-957-13-7768-1（平裝）1. 戀愛 2. 兩性關係 3. 漫畫
544.37　　108004512

不知道從什麼時候開始，我停止思考『出書』這件事。其實我也不知道這是好是壞，但總之我就是很久沒再去思考它了。

時間跳到好多年之後，囂搞從當初單純的漫畫圖文，演變成大家較熟悉的動畫，而且還多了一個北鼻開始專攻兩性。（根本角色人生大躍進啊）

好像是今年初的時候吧，有天小陸忽然跟我說，時報願意幫囂搞出書，問我有沒有意願？老實說當下我拒絕了，但絕不是對出版社有異議，而是現有的工作早已塞滿了我全部時間。每週的動畫影片、平常更新漫畫、各種雜事、開會、活動…… **blah blah blah...** 要再挪出時間畫書根本不可能啊！

後記

囂搞今年剛好跨入第十年，從單位數到雙位數，我從二開頭變三開頭，想想變可怕的。

記得十年前剛開始畫圖時，每次看到別人的圖文書放在店裡，心裡都是滿滿的嫉妒（才沒有崇拜這種溫柔的情緒呢）從此『出書』成為我心中的『成功』標準。

我每天都想著要怎麼畫出有趣的內容，吸引更多的讀者，期待有一天累積了足夠的能量，會有一家出版社來幫我出書。那時，我就是名正言順的『成功圖文作家』，可以跟書架上的那些作者們平起平坐……

這個一相情願的計畫在我腦內周旋了好多年，不知道多少次，我靠著這意念挺過難熬的睏意。不知道多少次，我用這意念擋住湧上來的挫折感。時間真的是一個很可怕的東西，隨著大家（包含我）越來越依賴數位資訊，買書讀書的人也越來越少，我嚮往的『成功』竟然也在不知不覺間消散了。

最後放個後話，讓我看起來更有內涵。

或者在晴空塔前面JOJO。

不過大部分的時間都不是在做正經事，例如，因為覺得大熊貓吃竹葉看起來很好吃，所以也嘗試要吃竹葉，不過很難吃。

雖然平常看起來像流浪漢，沒想到打扮起來竟然還是人模人樣。

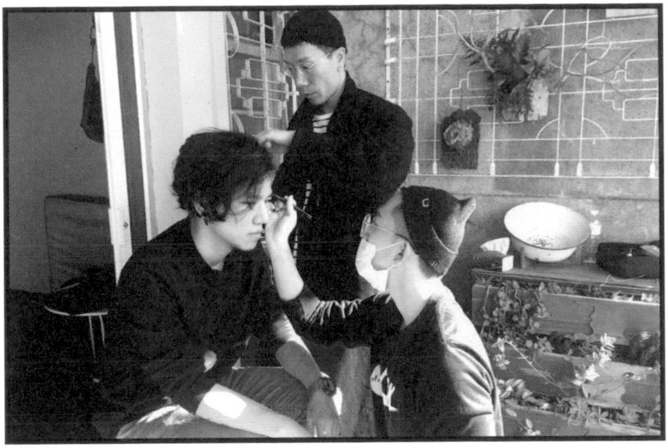

甚至還曾經下海（？）當自己的產品模特，再度讓身邊的人目瞪口呆。

不為人知的囂搞

囂搞不在畫畫時，都在做什麼呢？

工作室搬家前，
極簡乾淨，收納
空間看起來很充
足嘛！

工作室 Before/ After

工作室搬家後，
亂中有序，收納
空間應該還夠
吧？

因為利用了老闆的特權，喜孜孜買了全辦公室最貴的椅子，但是最後都被貓咪占去睡覺。

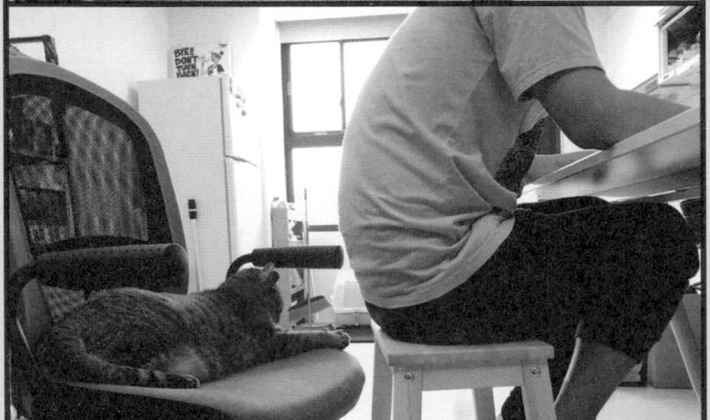

插畫家一定都會有腰痠背痛的毛病，所以工作到一半，會突然有人離開座位去做瑜伽……然後就會發生這種事。

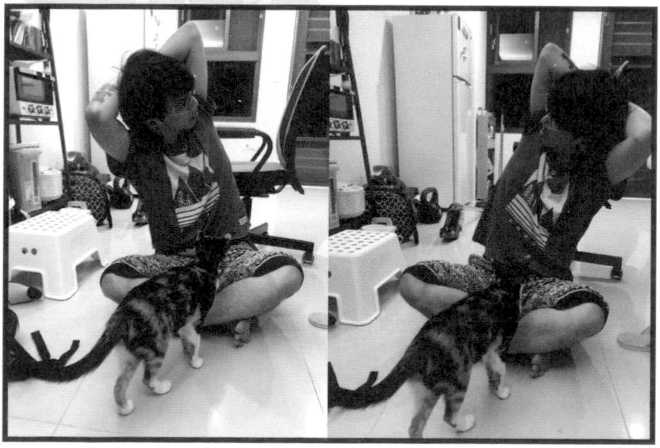

談戀愛有這麼難嗎？

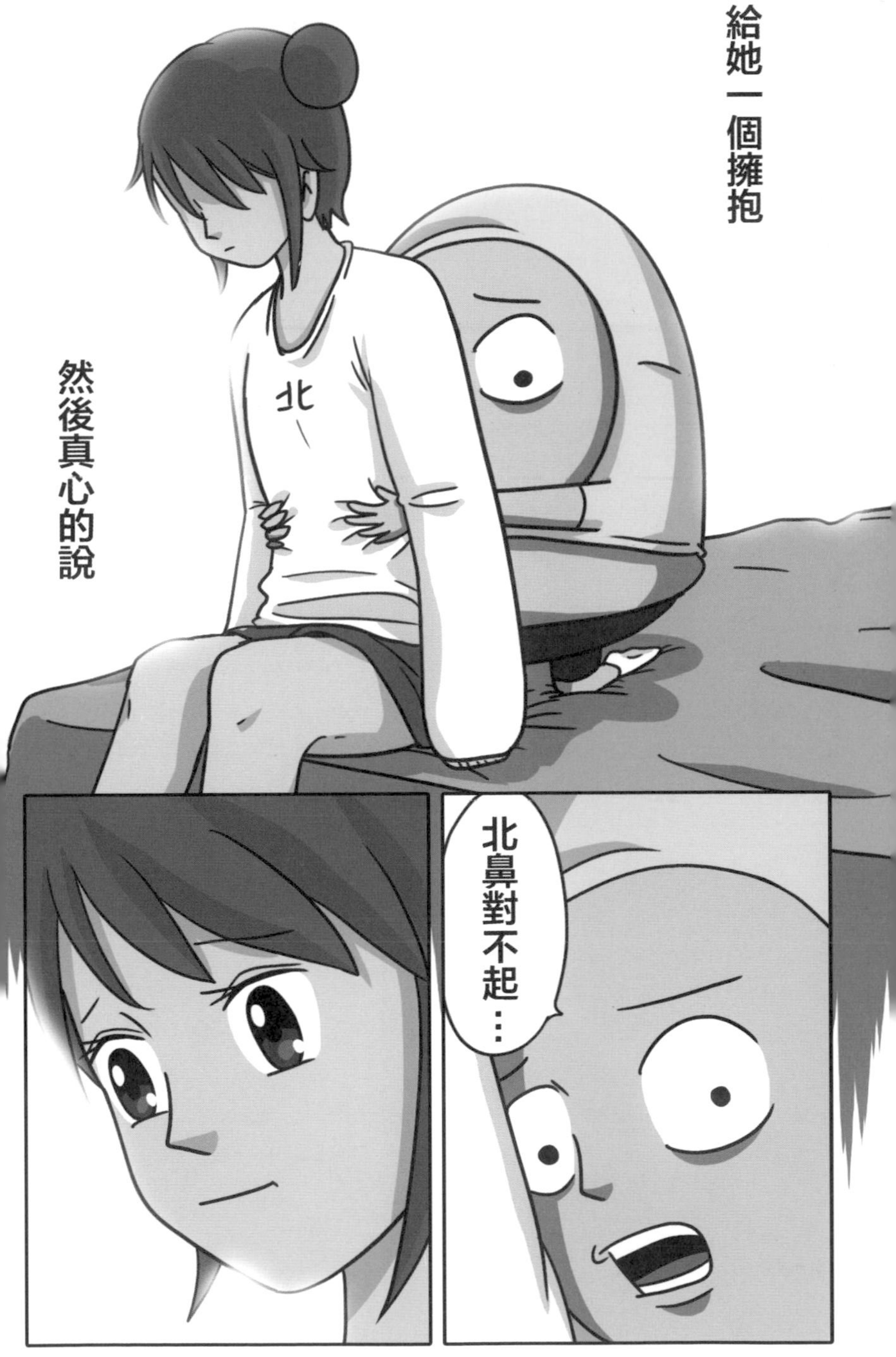
給她一個擁抱
然後真心的說
北
北鼻對不起…

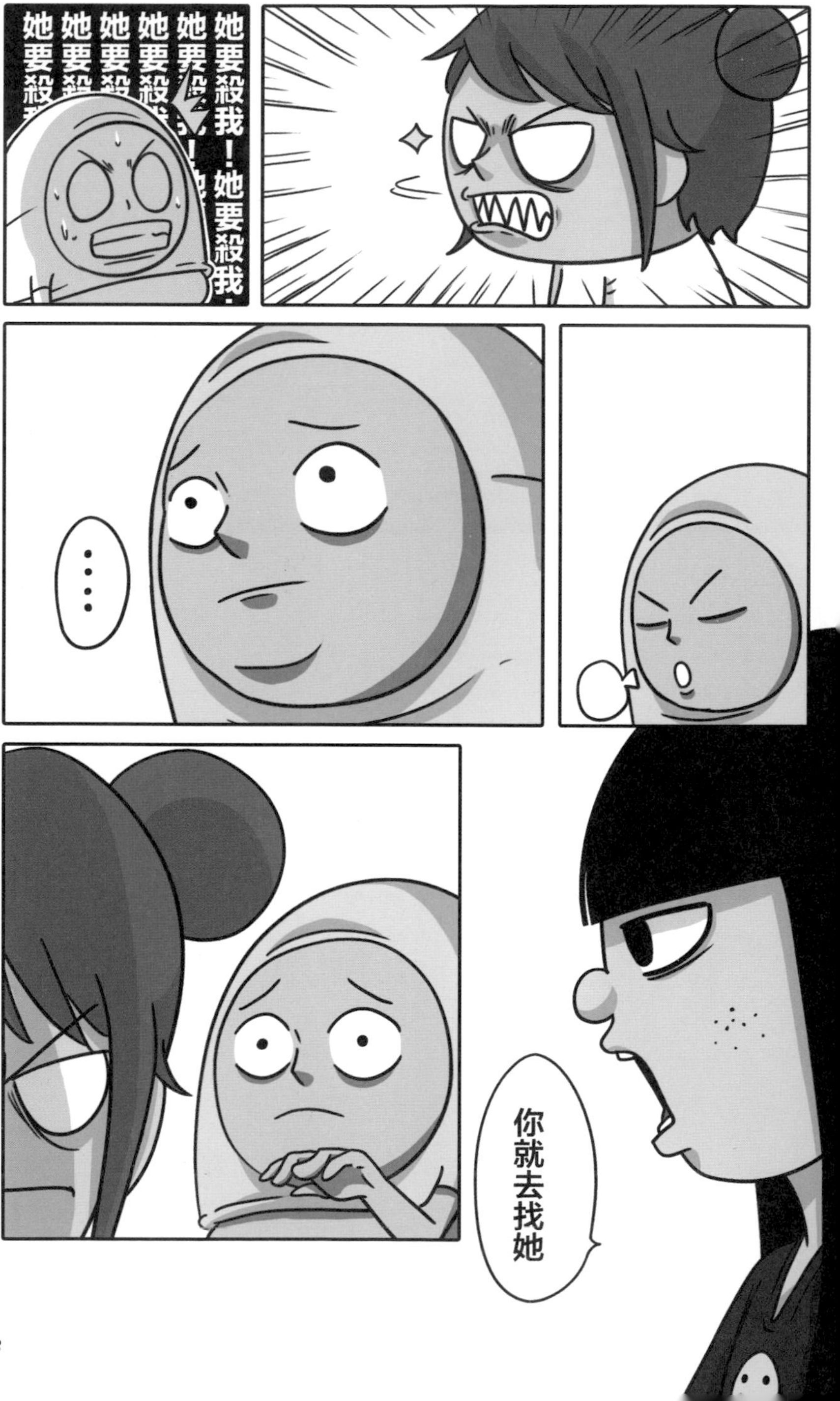
她要殺我！她要殺我！
她要殺
她要殺
她要殺
她要殺
她要殺
……
你就去找她

北鼻我開門囉！
北
…

我知道怎麼辦喔
那你為什麼不早說！
其實還蠻簡單的…
?!

嗚嗚嗚
早知道就不要吵架了！為了爭一個輸贏，結果反而讓感情變糟，一點都划不來啊！
嗚嗚嗚…現在怎麼辦…
到底怎麼辦啦！

你確定她有想要嗎？造成困擾只會更生氣吧！
那我送她衣服！
你不知道她品味
那我帶她去吃好吃的！
她在減肥只會更痛苦
那我包紅包呢?!
送錢會死喔…

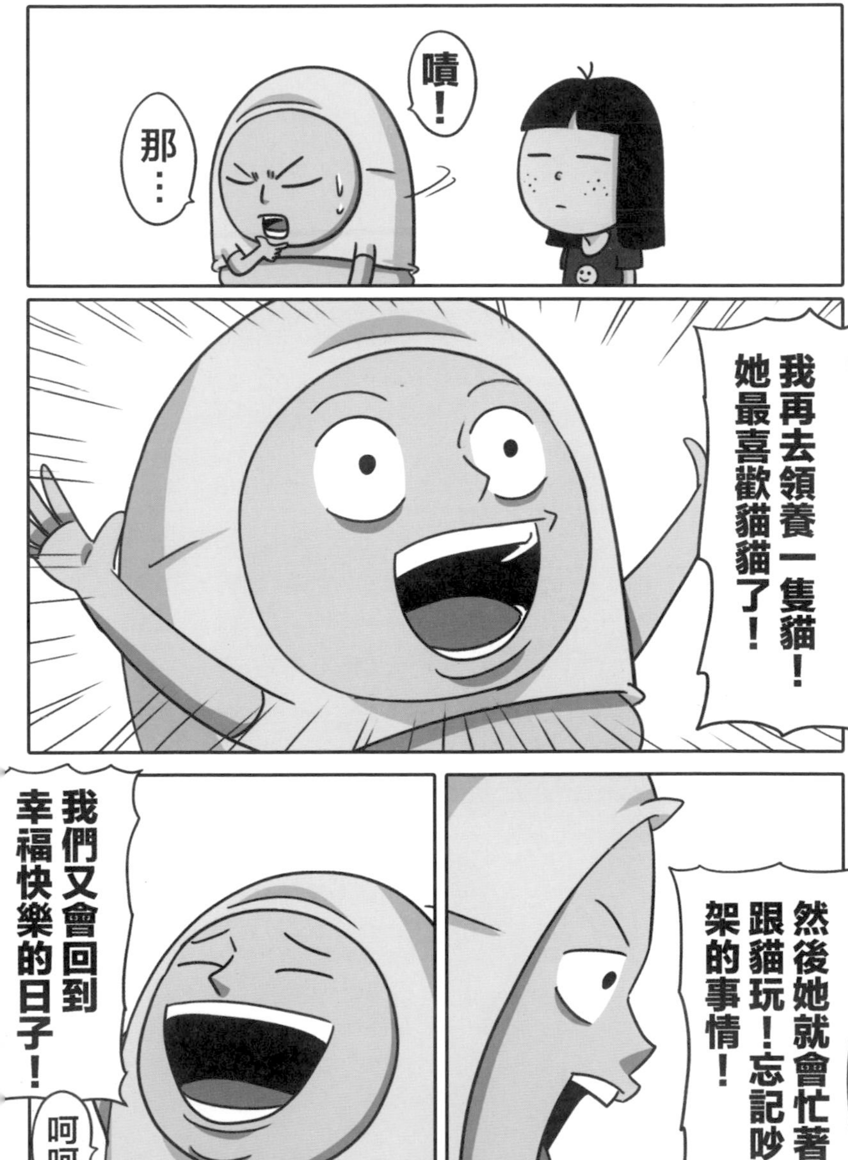
嘖！
那…
我再去領養一隻貓！
她最喜歡貓貓了！
然後她就會忙著跟貓玩！忘記吵架的事情！
我們又會回到幸福快樂的日子！
呵呵
呵呵

啊我知道了！
我就先不要理她過幾天她就會自己氣消了！
OMG
這什麼爛招
？
她已經在生你的氣了！你再消失幾天，她只會更想殺你好嗎！

所以她現在生氣
不理我了……
怎麼辦……
……

你還好吧？
嘖

叮咚！
開

……
發佈

架!吵架!吵架!
架!吵架!吵架!
架!吵架!吵架!
架!吵架!吵架!
架!吵架!吵架!
!吵架!吵架!吵
!吵架!吵架!吵
!吵架!吵架!吵
!吵架!吵架!吵
!吵架!吵架!吵
北

你為什麼都沒敲我！
欸我不是早上才
跟你說話嗎？

你這無知的肉團，讓我來解釋給你聽

想啊！ （被動回覆）－可撐 2hr

我想你 （主動說）－可撐 3hr

我很想你！
你今天加油喔！ －可撐 4hr

因為我很想你
我正在看我們以前的合照！ －可撐 5hr

晚上帶你去吃
一家好吃的！ －期待一整天！

北鼻你今天想我嗎？
想啊！
10:00 am
北
11:00 am
12:00 pm

還不行…
再忍一下
就是現在！
北鼻，我剛剛不小心手滑網購花了兩萬塊！
哎呀沒關係啦
呵呵

還不行……
再…再等一下
RIGHT NOW!
北鼻，我要去肥宅家打電動喔
去去去掰掰

你為什麼老是惹我生氣…
害我一直要揍飛你！
磅！
因為
我想變得更強壯！
WHAT DOESN'T KILL YOU MAKES YOU STRONGER!

我之前跟女友同居
兩個人一起扛房租
很好啊，就是
甜蜜的負擔啊
可是後來分手了
房租變我一個人扛
恭喜你只剩
負擔！

我真是受夠你了！
你就知道打電動還有買玩具！難道就不能培養一點興趣嗎！
偶爾出去走走也好啊！運動啊！到底為什麼都要待在家裡！
還有你
不許你胡說！
你批評我就是在批評自己的品味！

靜...
北
靜...
北

人類之所以能一直
繁衍到現在
都是因為
男孩一直在
鼓起勇氣
向女孩告白

啊！剛剛有浪漫的橋段嗎？
喔，對啊
北
快倒回去！我要重看！
蛤，為什麼？
因為我要抱著你看啊！

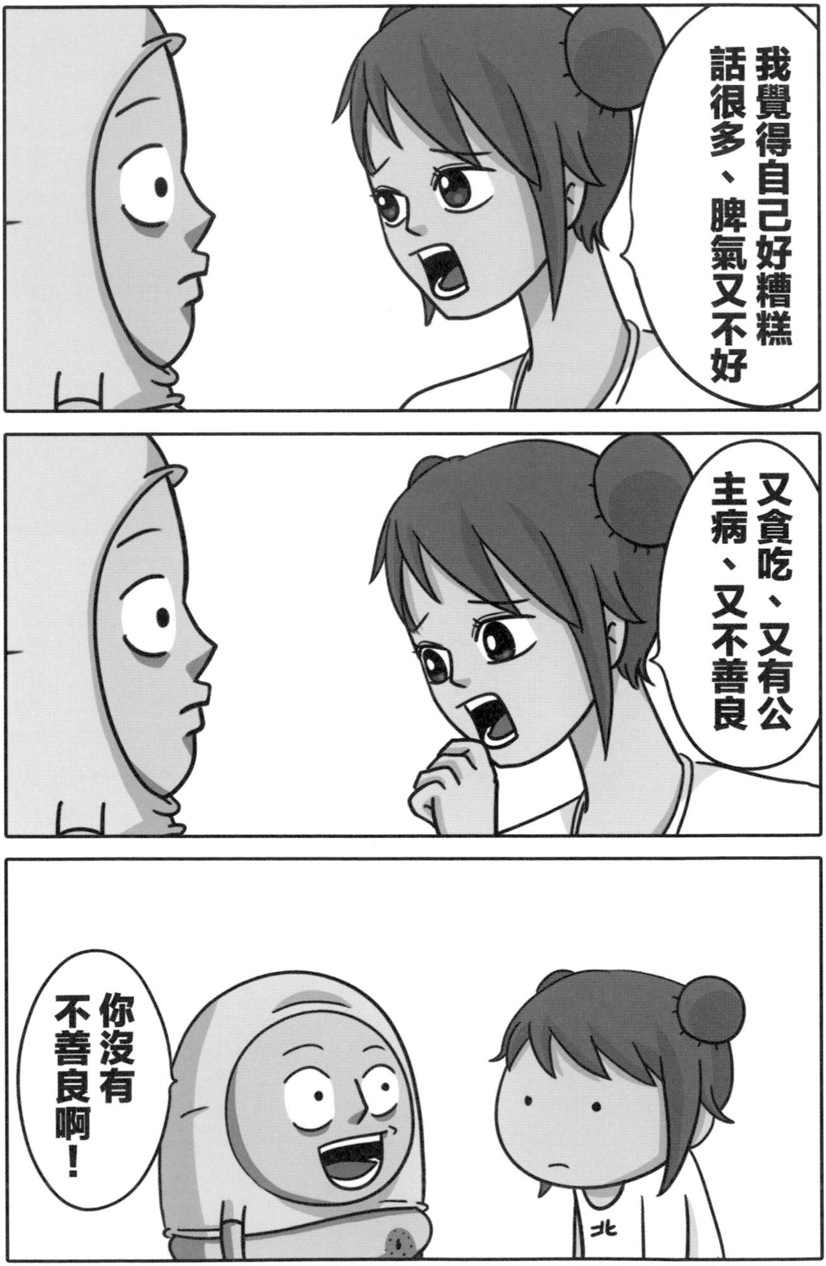
我覺得自己好糟糕
話很多、脾氣又不好
又貪吃、又有公
主病、又不善良
你沒有
不善良啊！

你只點了沙拉嗎？
對啊，我想說吃健康一點
不可以！
欸？為什麼？
你想要活得比我久然後找別的女生嗎？
想得美 要死一起死！

我跟你說那天我經過一家美式餐廳聽說那裡常常有藝人會去欸！
上次我朋友去還發生豔遇然後他們後來就交往了耶！
應該有一年多了吧，不知道他們現在怎麼樣了…
好想打電話給她喔，之前一直說要一起去海邊玩的…
好想去海邊喔我要去買漂亮的泳衣等一下就上網看有沒有打折！
欸，真的有欸！也太好了吧一定是我有做好事人品好哇哈哈哈哈哈！
我只是問她晚上要吃什麼而已…

我想吃麥當勞！
我要吃便當！
麥當勞！
麥當勞！
便當！
便當！
哎…不行每次都這樣吵我們取一個中間值好了…

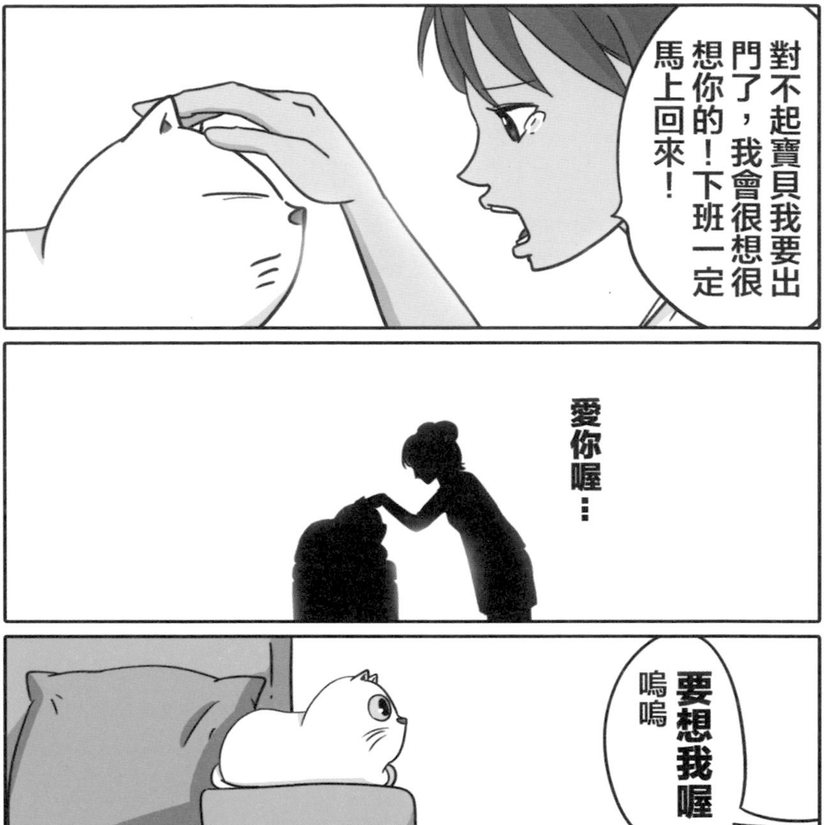
對不起寶貝我要出門了，我會很想很想你的！下班一定馬上回來！
愛你喔…
要想我喔
嗚嗚
?

貓貓你是不是餓了？
現在就弄給你吃喔！
喵
聽到了還不快去
喔

這份給你

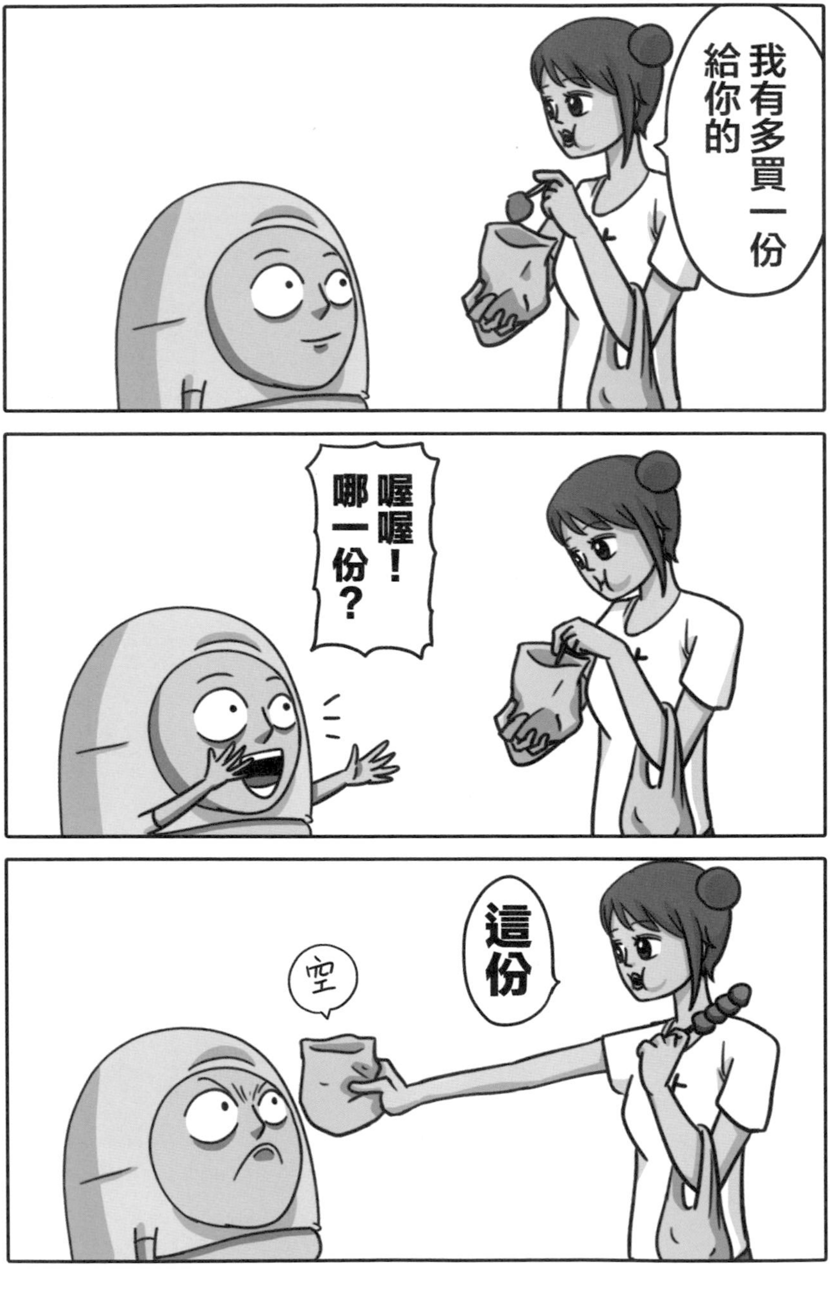

北鼻你看！這樣一份剛剛好是我一個人吃的量！
那可以分我一…
我說剛剛好
！

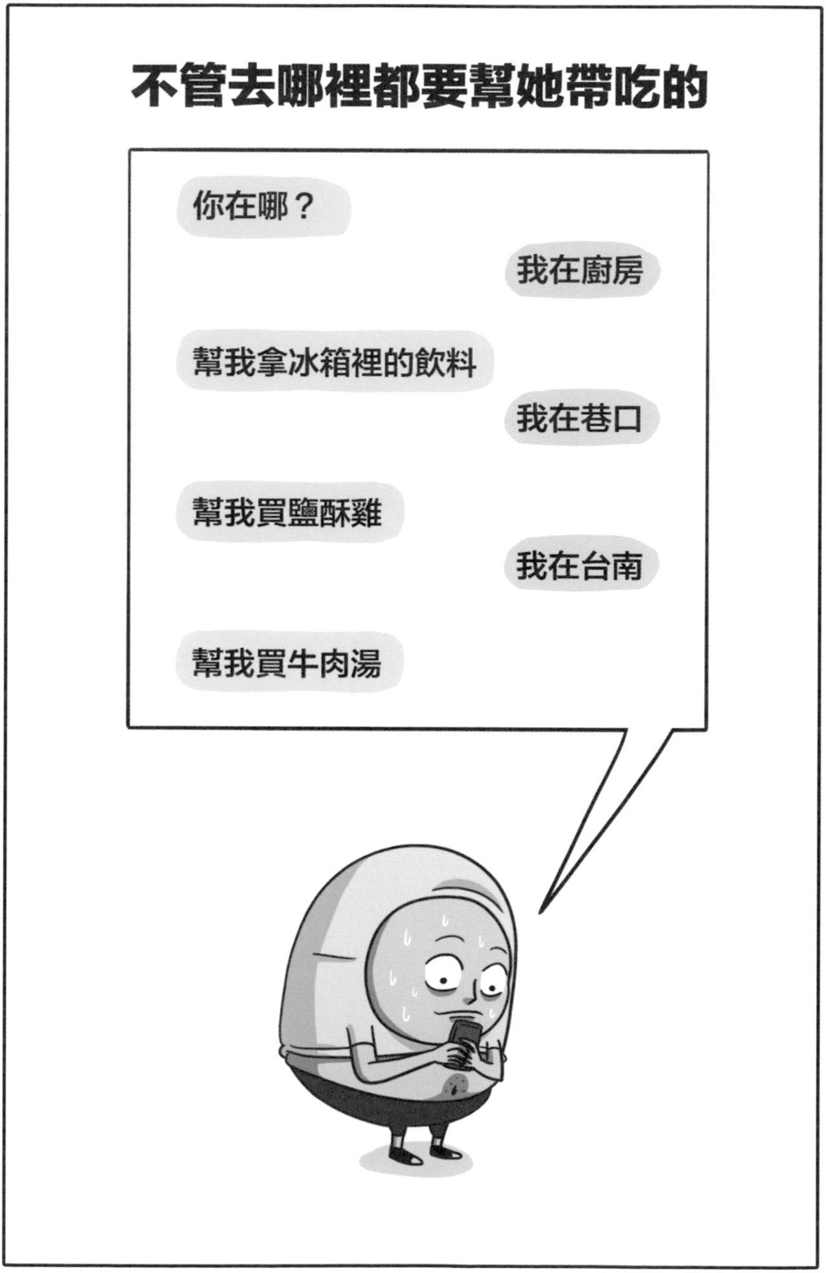
不管去哪裡都要幫她帶吃的
你在哪？
我在廚房
幫我拿冰箱裡的飲料
我在巷口
幫我買鹽酥雞
我在台南
幫我買牛肉湯

BLAH BLAH BLAH BLAH BLAH BLAH BLAH BLAH BLAH
欸！噓～你聽！
什麼！
……
沒有我只是想要你安靜而已

北鼻
謝謝妳

我就是太喜歡你！
所以沒辦法把你分享
給另一個人！
我就是自私的想要霸
佔你全部！

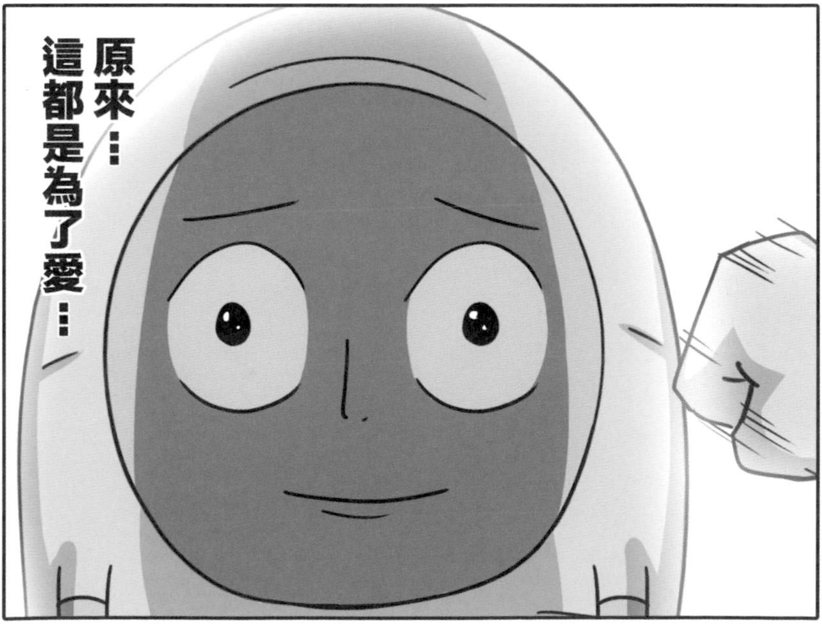
原來…
這都是為了愛…

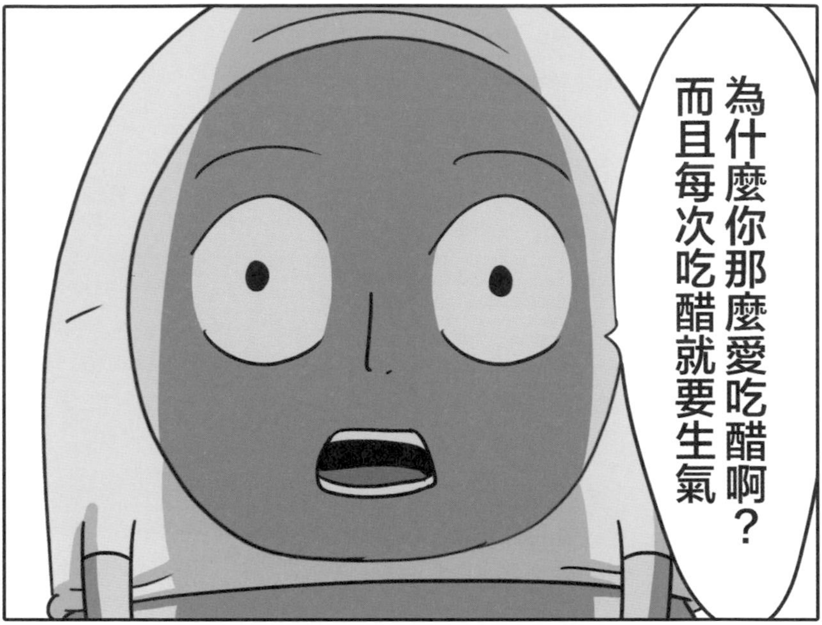
為什麼你那麼愛吃醋啊？
而且每次吃醋就要生氣

因為我喜歡你啊！

我有個問題……

等一下！

你按讚的那女生是誰?!
我要揍飛你!!!
北

哈——
今天上班好累喔！
去打電動
放鬆好了
等老娘康復了
一定要宰了你！
END.

這才第一天
而已啊呵呵呵
…
我回來囉

捶打小腹攻擊!!!
甜點餵食攻擊!!!
長痘痘攻擊!!!

來囉！
叮咚！
！
嗨！我是你的大姨媽！
接下來我們就好好相處吧…

此時在另一邊
好險我夠機智！

看吧…我就說你朋友會罩你
…!

喂！你在哪啦！
你女友剛打來找人
我說你在我這了

鈴鈴鈴!!!

喂?

3
2
1

喂，肥宅，我家那隻在你那嗎？
喔，在啊～我們在打電動
好喔那沒事了掰掰！

肉團你給我出來!!!

跟你說，自從上次我扁完他之後，他就沒有再按讚過別的女生了喔！
他只是不按讚而已啊，但不表示⋯
但不表示⋯ 但不表示⋯
⋯

北鼻，吃甜點是沒辦法解決問題的！
北
SO？
吃生菜沙拉就可以膩!?

當女友突然開始誇你的時候...

她手上有原始檔
我發了就會被發現……
我修很大！
北

欸我把剛拍的合照傳給你
好啊好啊
媽啊把自己修這麼正卻讓我這麼醜
來修一下…
啊不行！

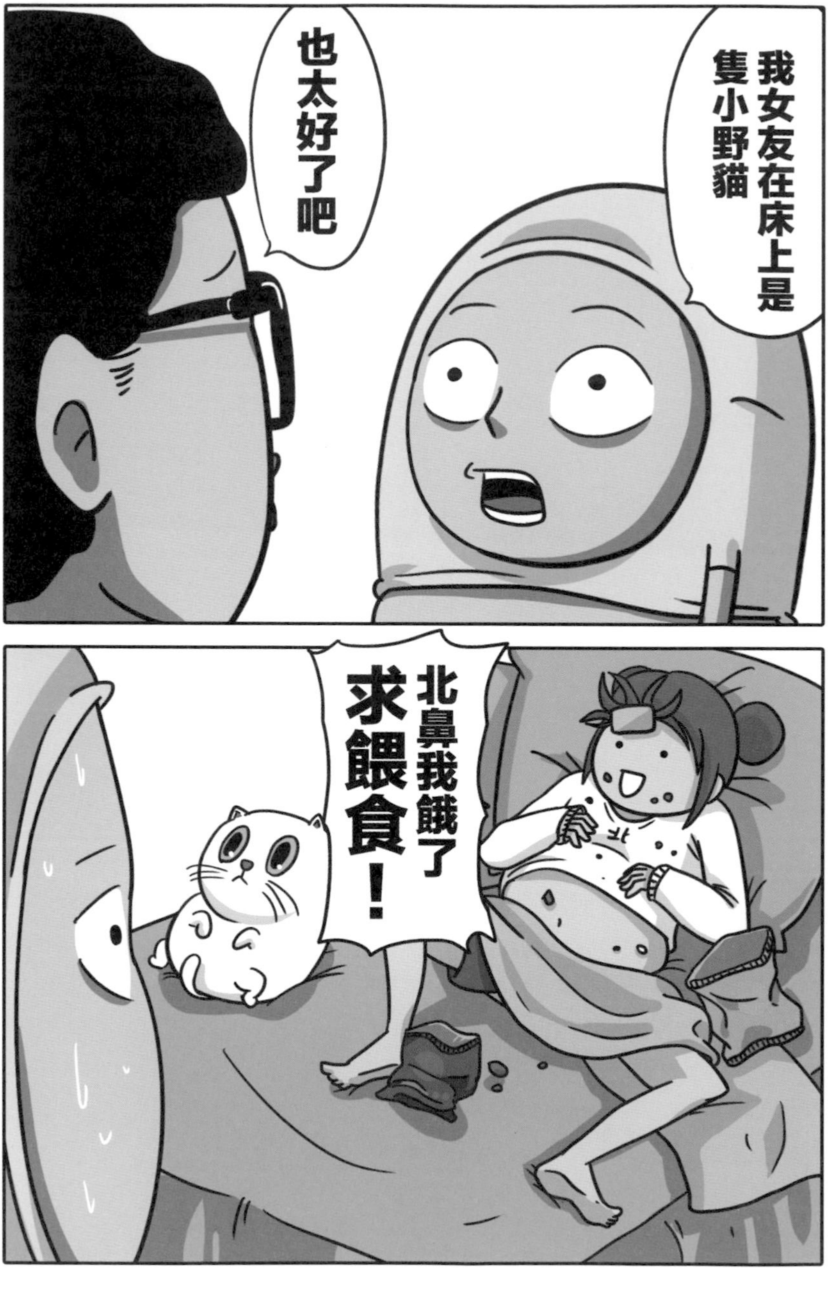
我女友在床上是隻小野貓
也太好了吧
北鼻我餓了
求餵食！

北鼻你很困擾
廁所裡掉一堆
頭髮對不對？
對啊
你每次打掃都
超麻煩對不對？
真的
那你想知道怎
樣可以不用再
打掃了嗎？
想！
讓我花錢
去髮廊洗頭
…

北鼻我想買這件
但有點貴
要一千多
嗯，是真的有點貴
好吧……
那……
這件呢！
只要九百！
喔！這件便宜
很多！
可以！
其實我本來就是要買
這件的啊哈哈哈哈
計画通り

……
少給我裝睡！你明明一分鐘前還在線上！

你最近變好瘦喔！
你在減肥嗎？
沒有耶！
可能是我這幾天
睡比較好吧？
北
DAYIMA

不行不行…
這樣一定死！
那如果我說…

哈囉？
你還好嗎？
嗚……

所以你是說
我錢都白花了嗎？

當然沒有啊！
你都沒變喔！

不行不行…
這樣一定死！
那如果我說…

?!
所以我平常很肥?

北鼻你看我這件新外套
有沒有很顯瘦？
北
當然有啊！
你變好瘦喔！

我來解釋給你聽
好啊
她心情很好，批准
好喔
她在敷衍你，不確定有沒有批准
好吧
她不太願意，但勉為其難批准
好啦
她很忙沒空管你，現在批准，但可能事後反悔
好你去啊
你去你就死定了！

所以她是說哪一個？
呃…

欸肥宅！我問北鼻我可不可以去你家打電動！她說好！
嗯——她說「好」的尾音是怎樣的？
蛤？有差嗎？
差多囉

北

喔這張蠻好看的！
點個愛心
等一下！
我這禮拜好像已經給
過她三次愛心了⋯
第四次她一定會生氣
還是再等七天好了

北鼻你為什麼不高興啊？
我不想講啦！
事情就是這樣怎麼辦…
放心吧，過半小時你就會在FB跟IG看到了

哎呦沒事啦
只是喜歡你打電動的時候
我叫一聲就理我…
?

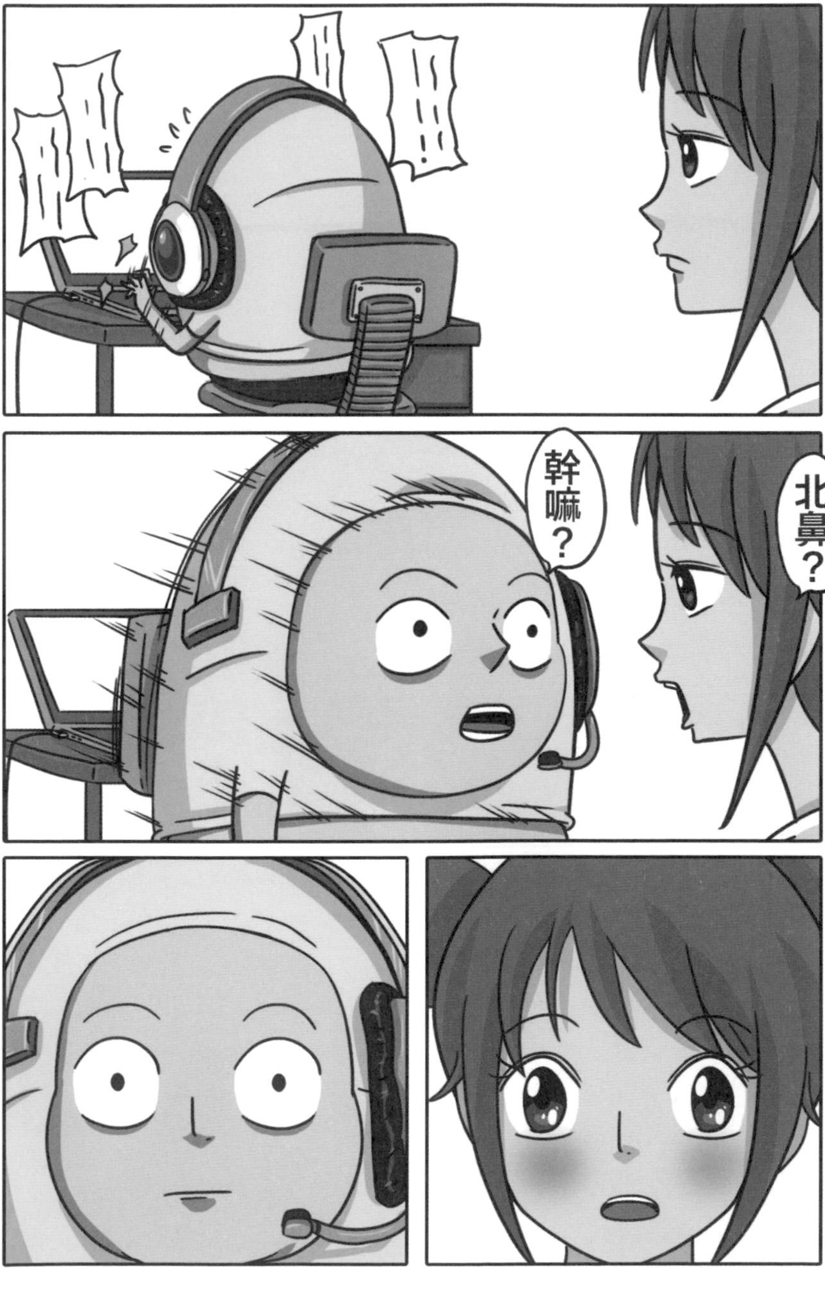
北鼻？
幹嘛？

關！
!!!
北鼻 你在幹嘛
你在看什麼？為什麼我一來你就關掉！
我，我…
我在找你的生日禮物啦！不要看！
討厭！那我出去你慢慢看喔！

5.0
$12,000
購買
好想買喔……
可是這麼貴，被北鼻知道她一定又會殺了我
開

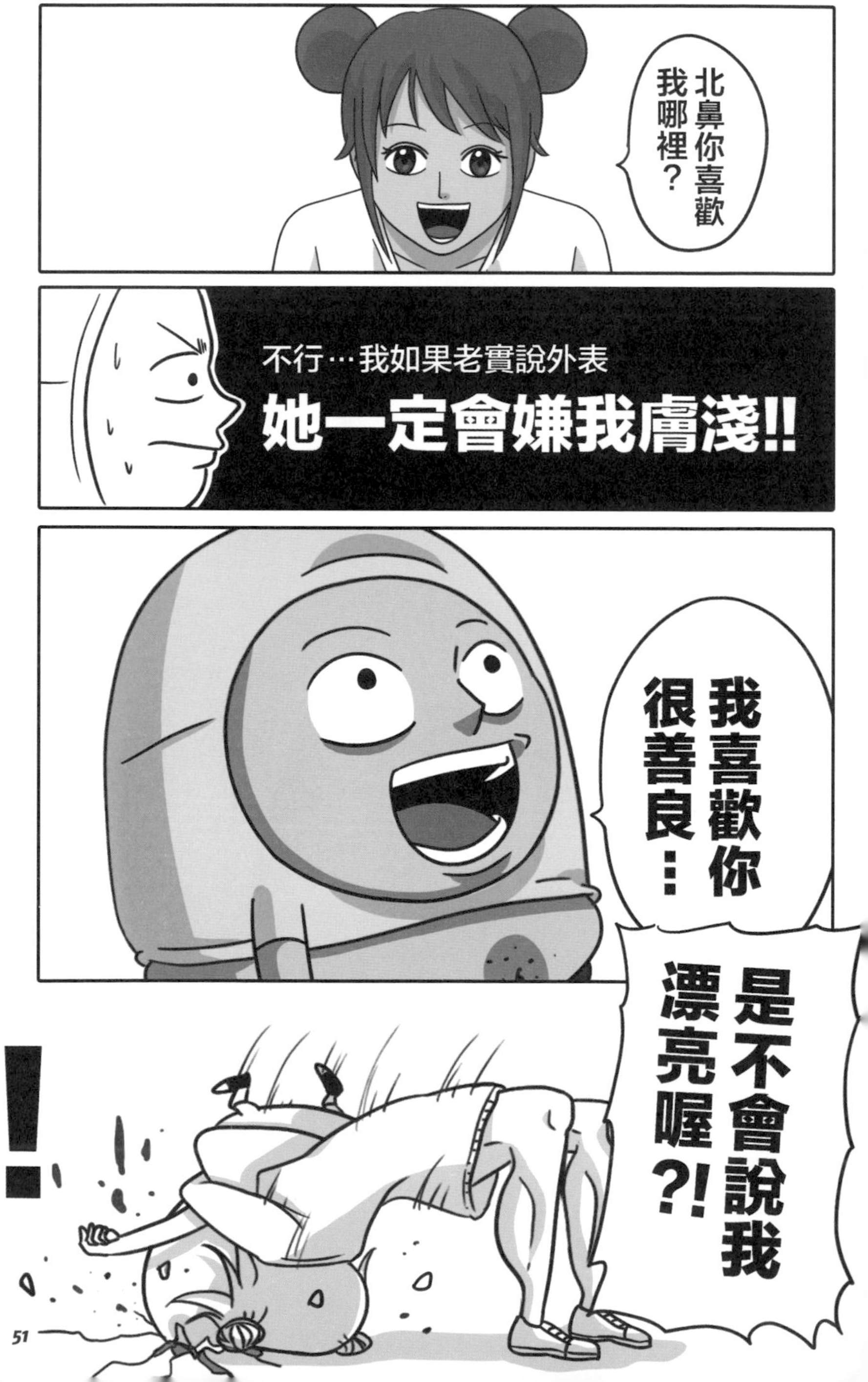
北鼻你喜歡我哪裡？
不行…我如果老實說外表
她一定會嫌我膚淺!!
我喜歡你很善良…
是不會說我漂亮喔?!
!

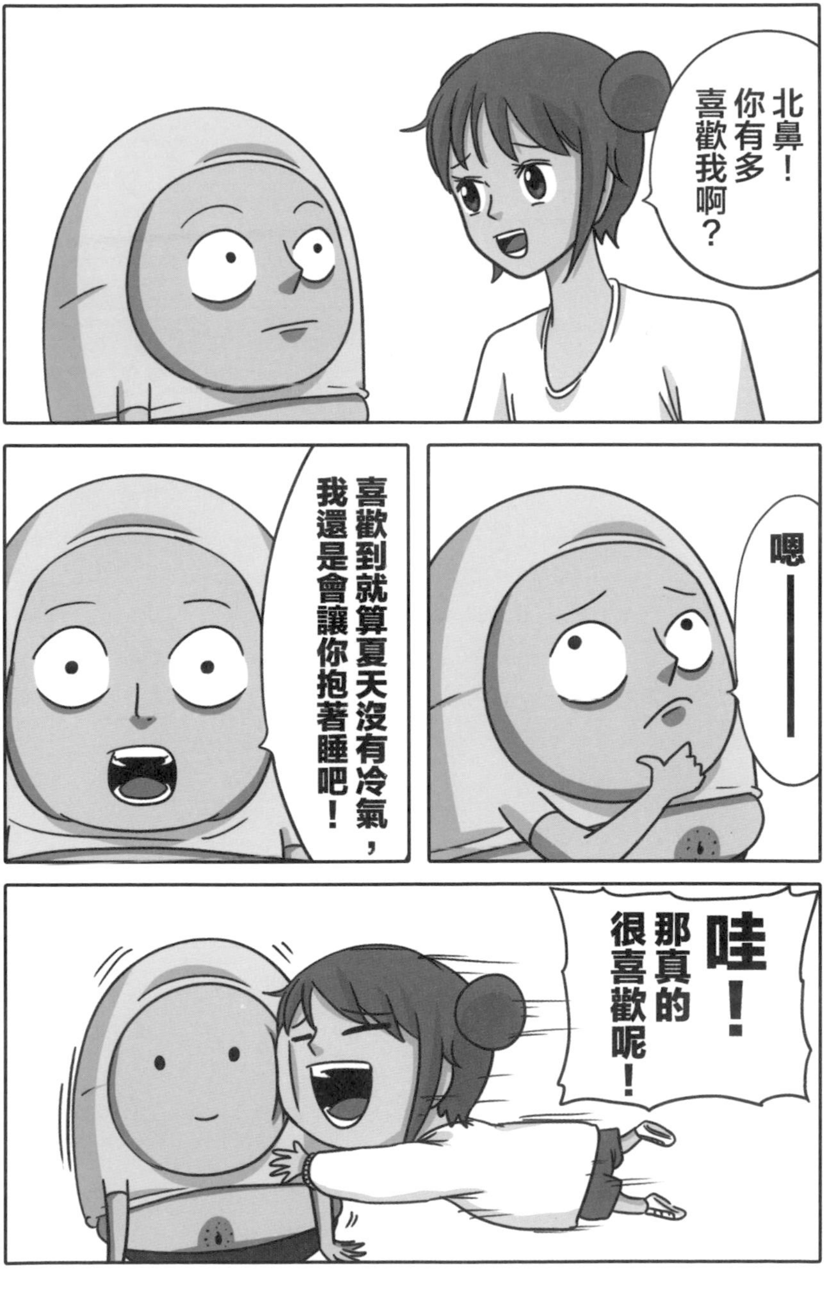
北鼻！你有多喜歡我啊？
嗯——
喜歡到就算夏天沒有冷氣，我還是會讓你抱著睡吧！
哇！那真的很喜歡呢！

好美喔
你知道誰比
煙火更美嗎？
你該不會又要
說徐若瑄吧？
才不是咧……
那是誰？
舒淇！
北

北鼻，你覺得**徐若瑄**跟**舒淇**誰比較正？
怎麼沒有你自己？
哎呦討厭啦
那…徐若瑄、舒淇跟**我**誰比較正？
北
徐若瑄！

我跟你說！你在感情裡要有男人的樣子！不能太懦弱！
回去告訴她！誰才是老大！
喔……
你是老大！
？

北鼻你看！我今天特別花了時間化妝！
有沒有變漂亮?!
有！比素顏好看！
阿不是！你化不化妝都長一樣！
請賜我一死吧
北

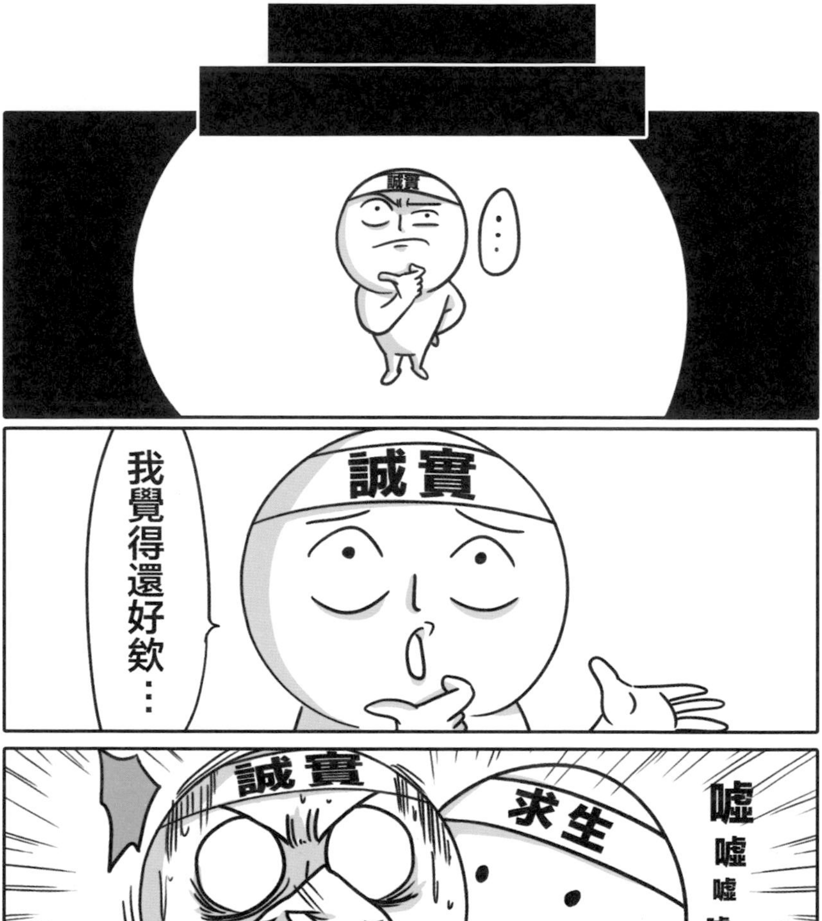
[redacted]
誠實
…
誠實
我覺得還好欸…
誠實
求生
噓噓噓噓
可愛！

北鼻你看我穿這件
可不可愛?!

所以全台灣
你喜歡2300個女人嗎!?

北鼻你是我萬中選一的女人!!!

Chapter.2

男人的求生慾望

討北鼻開心、想辦法回答正確答案

北鼻

小知識：熱愛甜點，討厭洗頭髮

不是公主，卻有公主般的任性。因無意間發現萬搞善良的個性，而選擇無視他肥短的身材。

嚮往完美浪漫的戀愛，但也常常因為另一半的無知而暴怒，練就每秒五拳的驚人手速。

最後死在公寓裡沒人發現!!
我不要!!!
此時在捷運上
恩?手機好像沒電了…

然後我們就漸行漸遠
我會變得性格
扭曲孤僻奇怪
北
導致單身一輩子
北

這，這菜渣卡多久了?!
!
他該不會就是因為這樣
嫌棄我吧?!

還是洗個臉
冷靜一下好了
嘩
嘩
[redacted]！

阿——
還，還是…
我傳個訊息給他
然後說那是
要傳給另一個男生的？
這樣就又可以敲他
又保持身價…
不行不行！
這想法太幼稚了
不能這樣…

他該不會是在跟別的女生聊天吧?!
他怎麼可以這樣！
不！

女生怎麼可以先主動
還是等他好了
等等?!
……
煩內！
他怎麼都
不敲我啦！

這是一段發生在交往前的故事…

你[redacted]要[redacted]多[redacted]休息[redacted]
好喔！

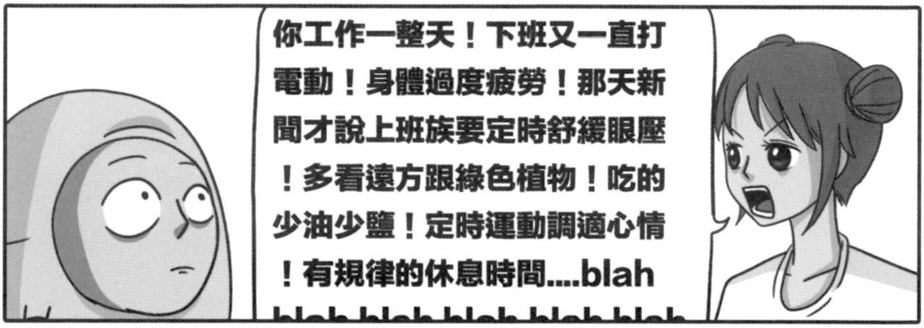
你工作一整天！下班又一直打電動！身體過度疲勞！那天新聞才說上班族要定時舒緩眼壓！多看遠方跟綠色植物！吃的少油少鹽！定時運動調適心情！有規律的休息時間....blah

你[redacted]族要[redacted]多看遠方跟綠色植物！吃的少油少鹽！定時運動調適心情有規律的休息時間....blah

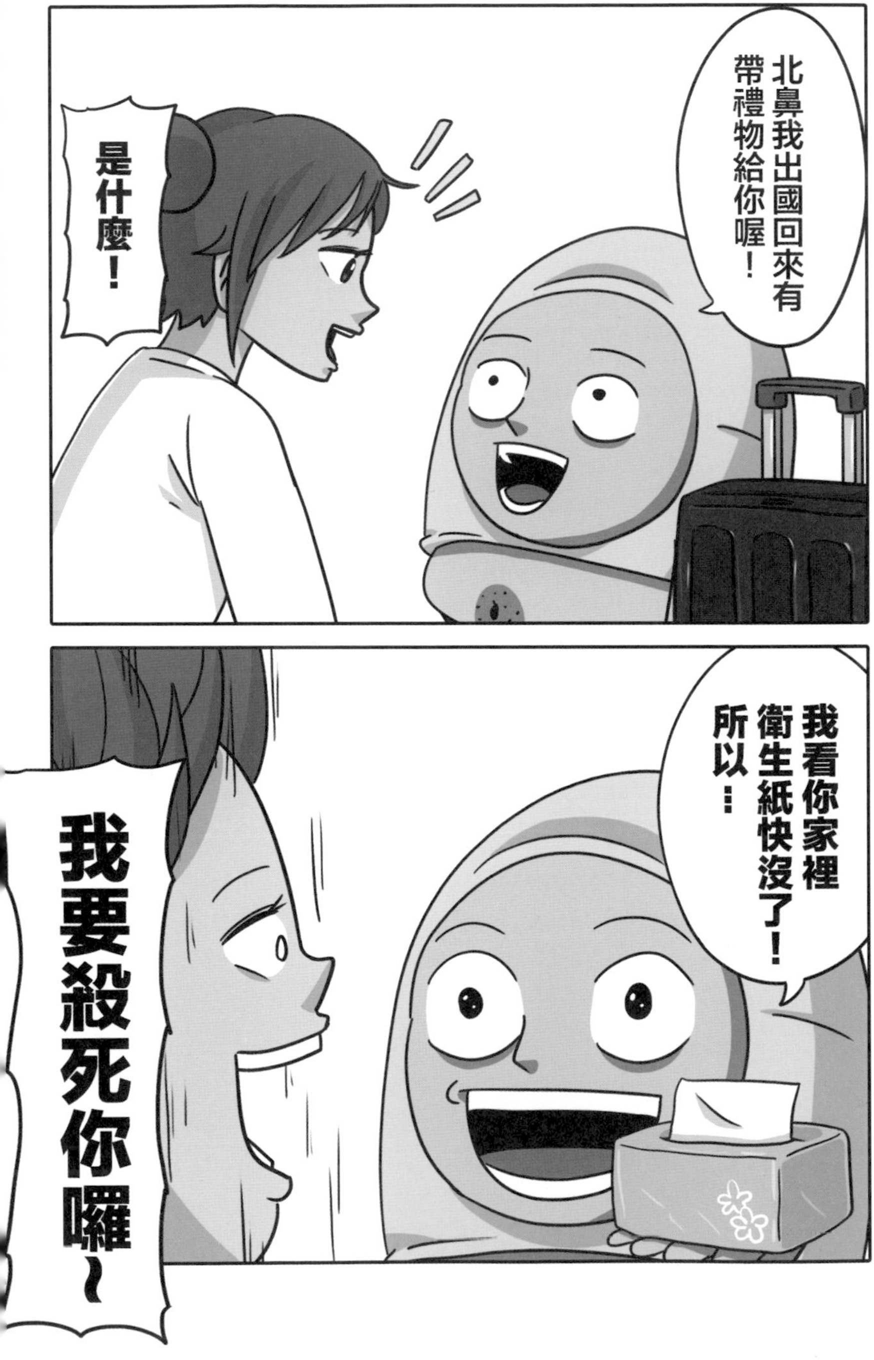
北鼻我出國回來有帶禮物給你喔！
是什麼！
我看你家裡衛生紙快沒了！所以：
我要殺死你囉～

在國內
來喔！下雨了快買傘！
一支一百慶菜賣啦！
可以更便宜
北
在國外
來喔！袋鼠蛋蛋包
一個五百！
好便宜！
給我五個！

男友交往一年
北鼻你最近
有點暴躁欸…
你根本不懂我！
星座算命節目
觀看一分鐘
你最近會
脾氣暴躁…
你。超。懂。我。

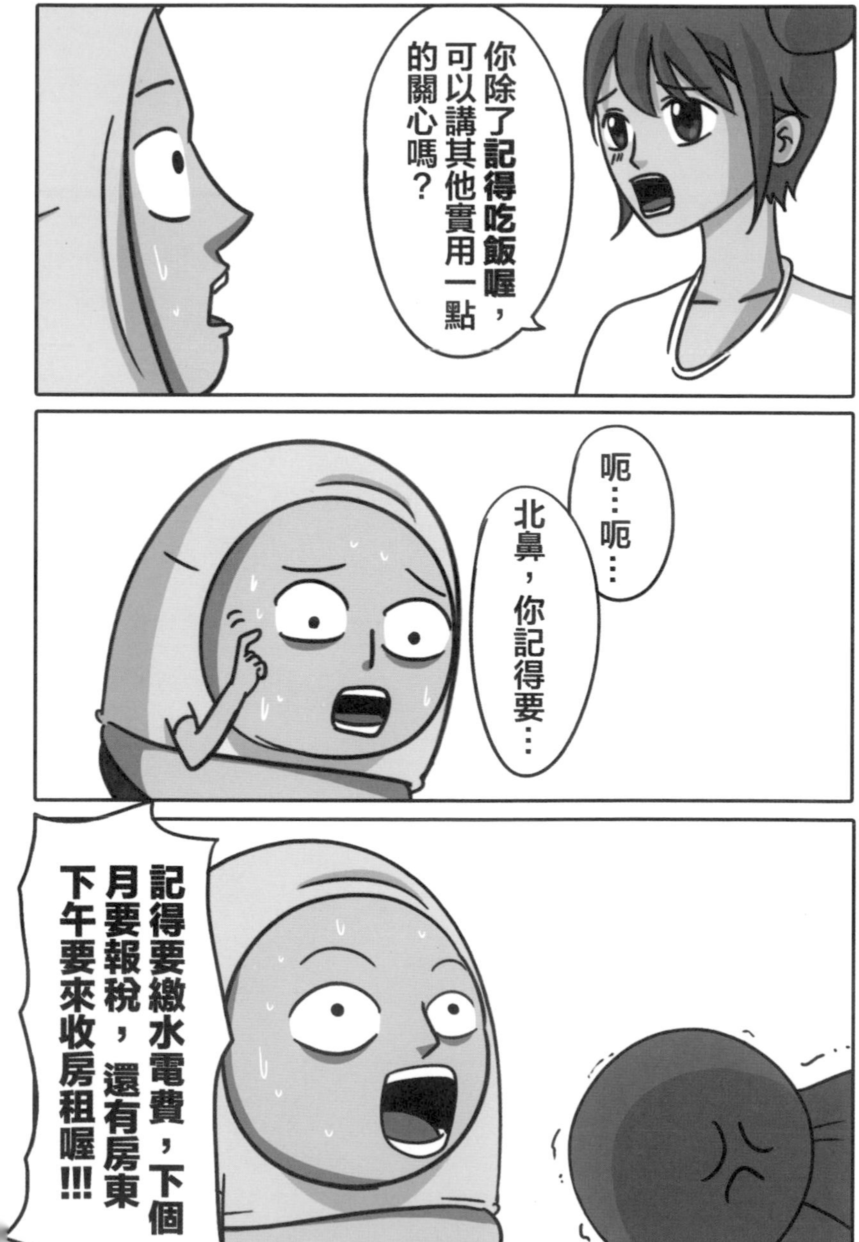
你除了記得吃飯喔，可以講其他實用一點的關心嗎？
呃……呃……
北鼻，你記得要……
記得要繳水電費，下個月要報稅，還有房東下午要來收房租喔!!!

北鼻我們去吃晚餐吧！
你剛剛說你想吃麥當勞吧！

不許你胡說！
那是剛剛！我現在想吃火鍋！

我想找一個願意跟我分享他心裡真實感受的男人！

我在想上一場應該要打積分才對！

一直分心打電動！我剛講那麼多你到底有沒有聽到?!
有啊…就…呃…
好啦對不起
你再講一次
不想講了啦!!!
開心！

好像坐錯車了⋯
欸？鑰匙咧？
穿哪一件呢⋯
對不起！跟你約中餐我遲到了！
沒關係！我預約的是晚餐
計画通り

哎別看了，這隻買下去絕對會餓死
走了啦
謝謝大家來，至少他走的時候很快樂

考你心算！
624x0.8
等於多少？
嗯…
唔…
那如果是
624塊的衣服
打8折呢？
499！
在哪？

別人說情人眼裡出西施
殊不知我是看上真實的你
看屁喔

時候不早了我送你回家吧！
不用了啦！你也累了，我坐計程車回去就好啦！
好喔——
嘖！
竟然這麼輕易的就說好喔⋯⋯
那我走囉
我真的走囉
我真的真的要走羅

哇啊啊啊啊啊啊
你說我煩！

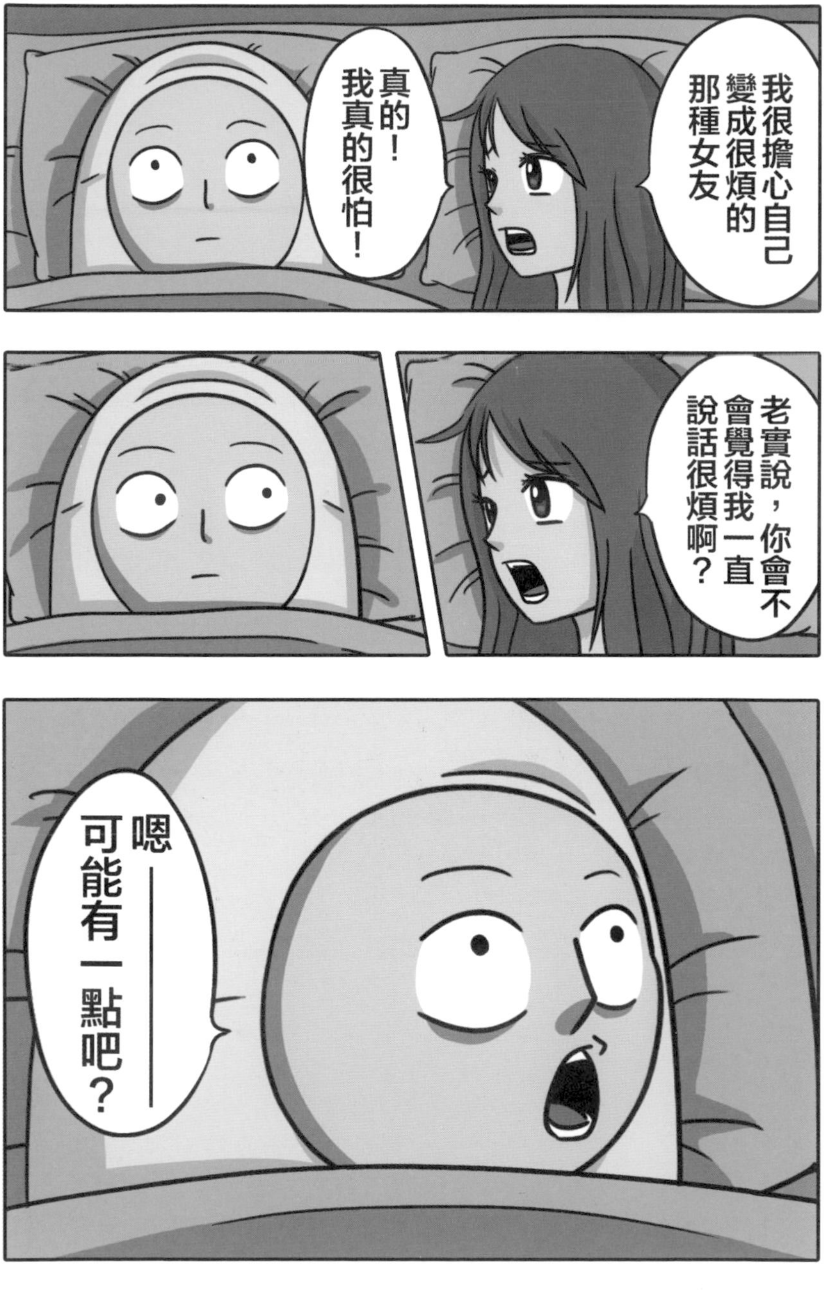
我很擔心自己變成很煩的那種女友
真的！我真的很怕！
老實說，你會不會覺得我一直說話很煩啊？
嗯——可能有一點吧？

像我這樣一直
跟你說話是不是
就有點煩人？

但是我又很喜歡
跟你聊天啊，
如果不能跟你
說話我一定會
覺得很無聊！

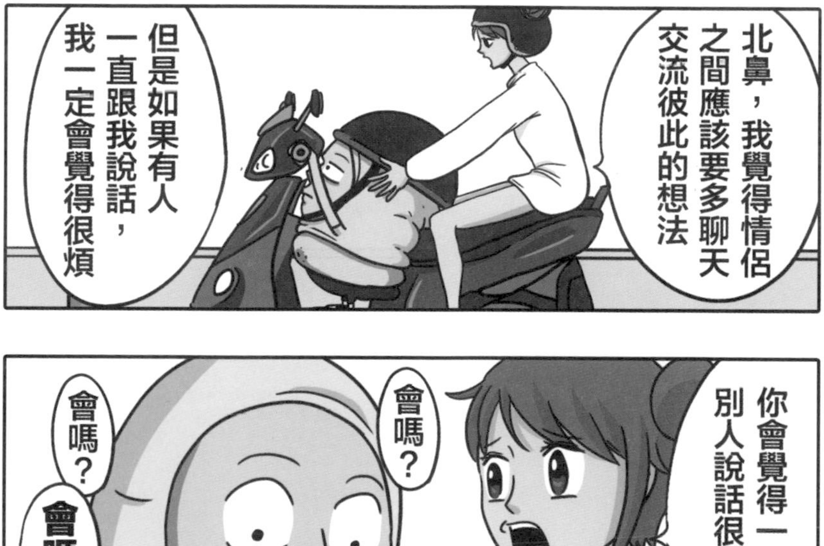
北鼻，我覺得情侶之間應該要多聊天交流彼此的想法
但是如果有人一直跟我說話，我一定會覺得很煩
你會覺得一直聽別人說話很煩嗎？
會嗎？
會嗎？
會嗎？

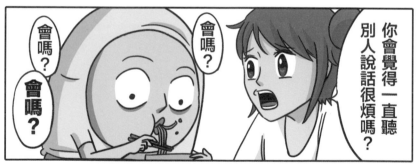

乖~不要聽他胡說！
你是獨一無二的！

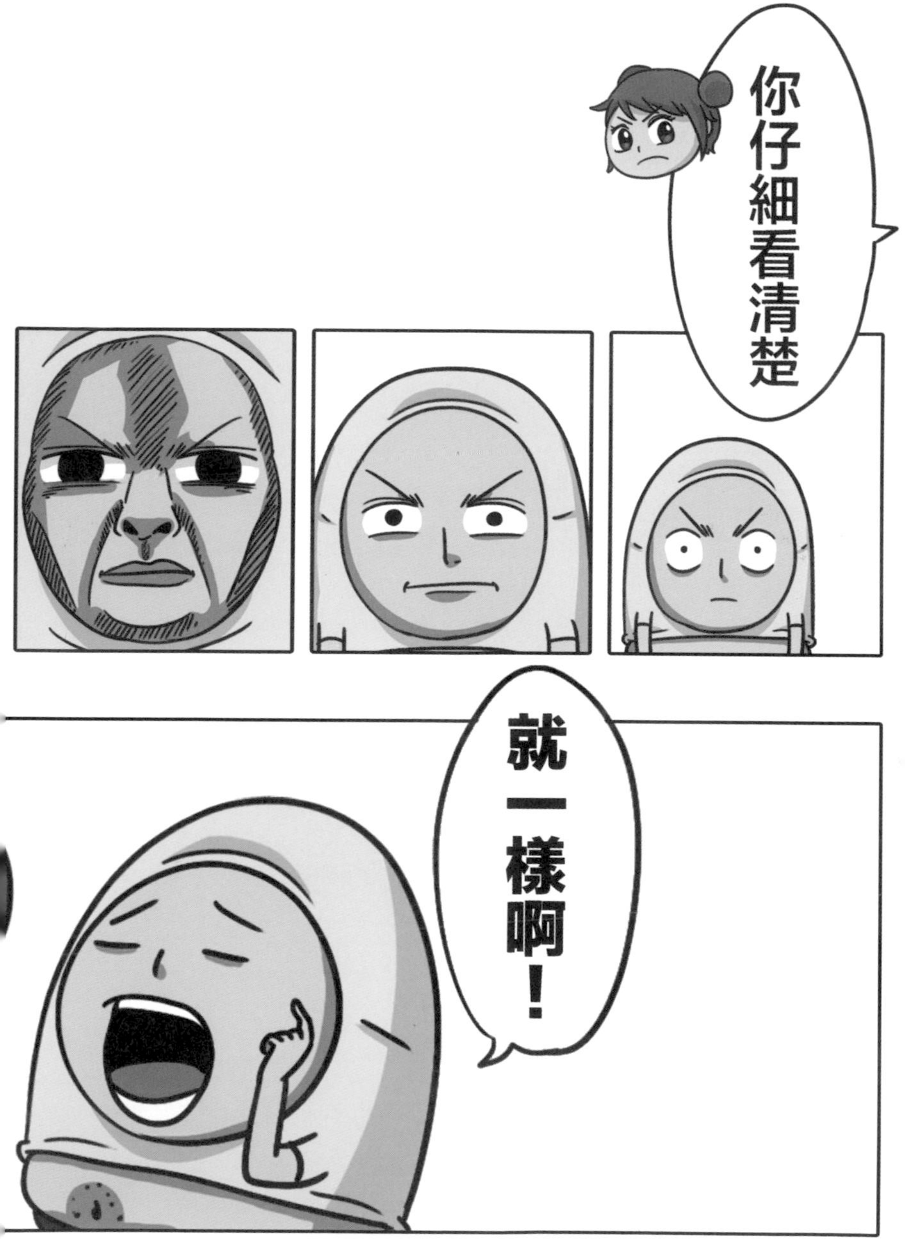
你仔細看清楚
就一樣啊！

家裡不是已經有一樣的了嗎？
可是
你這個無知的肉團!!!
它們不一樣!!!
?
北
一個是細跟
一個是粗跟

北鼻你看！我新買的鞋子！
超・美・的！
北
我找了半年，今天終於無意間發現馬上秒買！

Chapter.1

男女腦袋大不同

男生真的沒想那麼多